ANTOINE LOISEL

ET SON TEMPS

(1536-1617)

PAR

Armand DEMASURE

Docteur en droit,
Avocat à la Cour d'appel.

PARIS

ERNEST THORIN, ÉDITEUR

Libraire du Collége de France et de l'Ecole Normale.

7, RUE DE MÉDICIS, 7

1876.

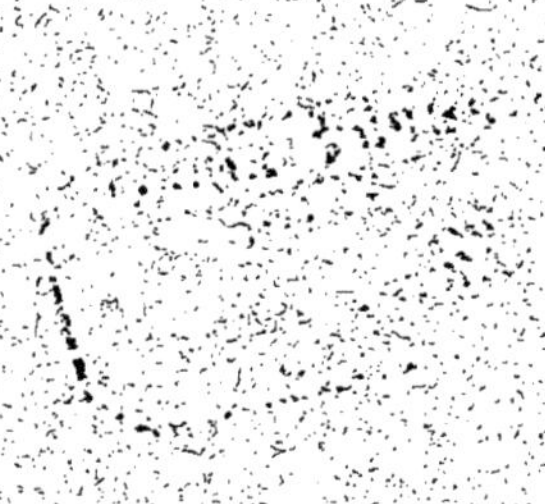

BARREAU DE PARIS

ANTOINE LOISEL

ET SON TEMPS

(1536-1617)

DISCOURS

Prononcé le Jeudi 2 Décembre 1875, à la séance d'ouverture

DE LA

CONFÉRENCE PAILLET

PAR

Armand DEMASURE
Docteur en droit,
Avocat à la Cour d'appel.

IMPRIMÉ AUX FRAIS DE LA CONFÉRENCE

PARIS
ERNEST THORIN, ÉDITEUR
Libraire du Collége de France et de l'Ecole Normale.
7, RUE DE MÉDICIS, 7

1876

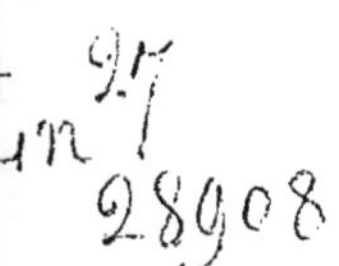

ANTOINE LOISEL

ET SON TEMPS

(1536-1617)

En toutes choses, il fut un gran-homme de bien.

(JOLY, *Vie de Loisel*, p. LVIII.)

MESSIEURS,

Il y a deux ans, à pareille époque, nous étions assemblés ici pour ouvrir la 21e année des travaux de la Conférence Paillet.

Guidés par l'un des nôtres, qui porte un nom cher au barreau et qui l'a rendu plus cher encore à chacun de nous, nous parcourions ensemble la galerie des *Avocats d'autrefois* (1), nos ancêtres et nos modèles. Avec quel respect touchant et

(1) M. Ambroise Rendu. *Les Avocats d'autrefois.* Discours prononcé le 27 novembre 1873, à la séance d'ouverture de la conférence Paillet. — *Paris, Didier*, 1874.

quelle heureuse habileté, du sein de la poussière où ils dorment depuis tant de siècles, notre confrère les ressuscita sous nos yeux, nul de vous n'a pu l'oublier. Mais parmi ces vénérables figures, il en était une devant laquelle nous regrettions, comme lui, de ne pouvoir nous arrêter plus longtemps : c'était la figure d'Antoine Loisel, une des plus vieilles gloires et le premier historien du barreau. En vous ramenant aujourd'hui devant elle, et en essayant d'achever le portrait commencé, il me semble acquitter en votre nom un vœu formé depuis longtemps et comme une dette de famille.

Je ne sais si je m'abuse, Messieurs ; mais ce que vous avez appris de l'avocat doit vous avoir inspiré le désir de pénétrer jusqu'à l'homme et de le connaître tout entier. Vous auriez voulu, tandis qu'on vous peignait Loisel dans tout l'éclat de sa renommée, entrer un jour dans sa demeure avec le client matinal.

Sub galli cantum consultor ubi ostia pulsat (1),

vous attacher à ses pas, le suivre au palais et à l'audience; puis, le soir venu, retourner avec lui dans son logis, vous asseoir à son foyer, devenir les témoins indiscrets de ses douleurs et de ses joies; aimer, penser, espérer, souffrir, vivre en un mot avec lui, de sa vie la plus intime; et vous vous disiez qu'en descendant ainsi jusqu'au fond

(1) Horace. Satire, I^e. Livre I.

de cette âme, il serait intéressant d'y trouver le reflet de notre société française à l'heure d'une de ses plus grandes crises.

Vous ne vous trompiez pas. La vie de Loisel se prête mieux qu'aucune autre à cette résurrection du passé. Avocat *du commun*, c'était le nom dont on désignait alors ceux qui, fidèles à notre Ordre, ne l'avaient pas quitté pour « s'avancer aux offices» (1), il a tenu longtemps au barreau l'un des premiers rangs; c'est au barreau qu'il appartenait avant tout, et qu'il vint toujours reprendre sa place après avoir traversé, sans se mêler à leurs agitations, l'arène où luttaient les partis. Avocat du roi, il a occupé les postes les plus élevés de la magistrature, et dans le cours de sa longue carrière qui embrasse toute la seconde moitié du seizième et le commencement du dix-septième siècle, il a été mêlé, soit par lui-même, soit par ses illustres amis, à de grands événements contemporains. Enfin, il s'est peint lui-même avec une entière sincérité dans des mémoires dont une main pieuse nous a conservé les précieux fragments (2). Dans l'étude que nous entreprenons

(1) «Car auparavant l'Estat d'advocat estoit la pépinière des dignitez, et le chemin de parvenir aux offices de conseillers, advocats du Roy, présidents et autres. » Loisel. *Dialogue des advocats du Parlement de Paris*. Edit. Dupin, p. 5.)

(2) *Vie de M. Antoine Loisel, advocat en parlement, tirée en partie de ses Escrits, par M. Claude Joly, chanoine en l'Eglise de Paris, son petit-fils.* — Cette vie se trouve en tête des *Opuscules*

ensemble, partout abondent les souvenirs intimes, les détails curieux et authentiques ; et si le portrait manque de vie, ce n'est pas le modèle que vous en devrez accuser.

Antoine Loisel est né à Beauvais, sur la paroisse Saint-Sauveur, le 15 février 1536. Il était le douzième enfant de Nicolas Loisel et de Catherine Dauvergne. On rangeait ses ancêtres, bourgeois de Beauvais de père en fils, parmi « les plus sages et les plus gens de bien de la ville » (1) ; mais aucun d'eux n'avait illustré son nom (2). C'est en latin que le portait, suivant un usage quelquefois suivi alors, son grand-oncle, Jean *Avis*, doyen de la faculté de médecine, attaché à la personne des rois Louis XII et François Ier, et dont la présence seule, par un secret qui s'est perdu, avait la vertu de guérir, si l'on en croit une tapisserie du temps. Le malade s'écriait en le voyant arriver :

> Quand je voy maistre Jean Avis,
> Je n'ay ny fiebvre ny frisson.

Et le médecin de répondre :

> Guéri estes à mon advis,
> Puisque vous trouvez le vin bon (3).

Nicolas Loisel élevait tous ses enfants « à la

de Loisel. C'est à elle que se rapportent toutes les citations indiquées par le seul nom de Joly.

(1) Joly, p. VI.

(2) Voir pourtant la Note n° 1, à la fin du discours.

(3) Joly, p. V.

crainte de Dieu et aux lettres. » Après avoir envoyé Antoine « aux petites escholes, » il le plaça pour lui faire faire ses premières études, au collége que Nicolas Pastour, chanoine de Saint-Pierre, venait de fonder à Beauvais. L'établissement était bien petitement doté, et l'on n'y apprenait guère que les fondements des grammaires latine et grecque. Loisel se souvint pourtant toujours de ses premiers maîtres, et plus tard (1), en faisant ajouter aux ressources du collége le revenu d'une prébende préceptoriale conformément à l'édit d'Orléans, il contribua lui-même à développer cette modeste fondation dont il avait reconnu à la fois l'insuffisance et la nécessité.

A Paris, au collége de Presles, où son père l'envoya, il reçut bientôt un enseignement plus élevé. Il y resta cinq années et y eut pour maître Ramus avec lequel il noua dès cette époque des relations d'amitié qui devaient être si tragiquement interrompues. Il suivit ensuite les leçons publiques que donnaient les plus illustres savants, Strazet, Adrien Turnèbe, si admiré de ses contemporains, qui, au dire de Montaigne, « sçavait plus et sçavait mieux ce qu'il sçavait qu'homme qui fut de son siècle et loing au-delà (2). »

Entraîné par l'exemple de son oncle et par un penchant naturel, Antoine avait commencé, sans

(1) En 1564.
(2) Essais. — Livre II. Chap. XVII.

consulter son père, à apprendre la médecine, cette science admirable jusque dans ses incertitudes et capable, même alors, de séduire tous ceux qui se sentent attirés par le dévouement et par l'étude. Il était prêt à s'y consacrer tout entier. Ce fut son père qui l'en empêcha. Le bourgeois de Beauvais était, comme il arrive parfois, plus ambitieux que son fils ; et du fond de sa province, il avait rêvé pour lui d'autres destinées. « Le médecin, lui disait-il, ne peut être que médecin, au lieu qu'un avocat peut devenir président et chancelier, ajoutant qu'il l'eût été lui-même, si on l'eût fait étudier » (1). Le jeune homme ne trouva rien à répondre, ou plutôt il se laissa docilement diriger. Nous ne pouvons, Messieurs, qu'applaudir, en ce qui nous concerne, à ce petit coup d'état de l'autorité paternelle sans lequel Loisel ne serait jamais devenu notre ancien. Ne regretta-t-il point lui-même d'y avoir aussi facilement cédé ? Il a fait preuve d'un attachement trop vif à notre profession pour qu'il nous soit permis de le penser. Au moins ne se crut-il pas obligé de sacrifier aux projets paternels jusqu'à son goût pour la médecine. Il continua de la cultiver toute sa vie; témoins ces quarante-quatre feuillets qui nous sont parvenus couverts de sa plus fine écriture, et où il avait recueilli, dans l'ordre de ses propres

(1) Joly, p. VIII.

observations, diverses recettes contre les maux les plus variés, depuis la peste jusqu'au mal de dents, sans oublier cette fameuse *panacée universelle*, qu'on cherchait alors de bonne foi, comme la pierre philosophale (1).

Il faut reconnaître d'ailleurs qu'après avoir enflammé l'ardeur de son fils par la perspective d'une carrière aussi éclatante, Nicolas Loisel ne négligea rien pour le mettre en état d'y parvenir. Depuis dix ans déjà, Cujas enseignait le droit à Toulouse, et la réputation de sa science s'était répandue dans toute la France. A 18 ans, Antoine Loisel partit pour Toulouse, confié par son père à M. le Président de la Casedieu. Représentez-vous, Messieurs, la longueur, les difficultés, les périls même d'un pareil voyage : cent-cinquante lieues de route à faire à petites journées, par de mauvais chemins où l'on rencontrait plus souvent les voleurs que la maréchaussée (2) ; et quand la science était à ce prix, jugez comme on savait déjà l'aimer. Après avoir reçu la bénédiction paternelle, l'étudiant, muni de son viatique, s'en allait au loin passer de longues années au pied des chaires les plus renommées des grandes universités,

(1) Voir la Note n° 2 à la fin du discours.

(2) En 1559, Loisel fit un petit voyage à Calais, « auquel il courut fortune de la vie, des voleurs estans en un bois, ayans tiré sur luy à coups d'harquebuse, dont Dieu le préserva. » (Joly, p. XVI).

heureux lorsqu'accueilli au sein de quelque famille « par forme d'hospitalité et en contres-change d'enfant (1), » il pouvait retrouver loin des siens l'image et presque les douceurs du foyer domestique.

Antoine Loisel, sur qui les dons précoces de son intelligence attiraient déjà l'attention, avait été, grâce à la bienveillance de M. de la Casedieu, recommandé à Cujas. Il fut bientôt aimé de lui comme il l'avait été de Ramus (2). La parole du maître qui renouvelait alors avec tant d'éclat l'enseignement du droit fut une véritable révélation pour l'étudiant. A la lumière de ce puissant génie, il vit se dissiper comme par enchantement toutes les difficultés si ardues dont la science du droit était alors hérissée. A l'exemple d'un petit nombre de ses contemporains, il s'attacha dès lors à la fortune de Cujas, et ne le quitta plus jusqu'à ce qu'il ait pris ses degrés ; le suivant avec une fidélité qui nous étonnerait aujourd'hui de Toulouse à Cahors, de Cahors à Paris, et de Paris à Valence. Comment après cinq années de cette vie errante, mais laborieuse, n'aurait-il pas été

(1) *Loisel.* Vie de M. B. du Mesnil, advocat du Roy. — (*Opuscules*, p. 178.)

(2) Cujas, parlant d'un code manuscrit dont Loisel lui avait fait présent à Bourges, n'estant alors âgé que de dix-neuf ans au plus, donne à son élève le titre de *adolescentis humanissimi et suprà ætatem eruditi.* (Joly, p. XI.)

imbu de la méthode et nourri de la pensée d'un tel maître ? Comment le maître ne serait-il pas attaché à un tel disciple ?

Je ne sais de quel nom vous voudrez appeler le sentiment si durable qu'ils s'inspirèrent ainsi mutuellement ; mais à coup sûr ce n'était pas l'amitié. L'amitié, dit-on, veut des égaux ou elle les fait. Loisel qui la méritait déjà comme une récompense et qui devait la cultiver comme une vertu, la rencontra de bonne heure sur son chemin. Ce fut encore à Cujas et à la science qu'il le dut.

Un jour, à Bourges, dans la boutique d'un libraire, il adresse la parole à propos d'un livre à un jeune homme maigre et pâle qu'il avait déjà vu sur les bancs de l'Université. La conversation s'engage, et au bout de quelques instants, on en est à discuter « sur un lieu de Papinian, *de inofficioso testamento.* » Loisel, tout en se défendant, admire la justesse des coups que lui porte cet adversaire de chétive apparence qu'on appelait alors à cause de sa complexion, « *le petit Pithou* » et qui crut si fort en peu de temps de corps et d'esprit, qu'à bonnes enseignes on le nomma bientôt « *le grand Pithou* » (1). Les deux étudiants se revirent, et après s'être ainsi révélé la ressemblance de leurs esprits, ils découvrirent plus lentement les signes certains de la parenté de leurs âmes. Dès lors s'établit entre eux cette étroite communauté de

(1) Loisel. — Vie de M. P. Pithou, sieur de Savoye, advocat en Parlement. (*Opuscules*, p. 256.)

pensées et de travaux à laquelle Loisel, quarante ans plus tard, dédiant à son ami l'une de ses remontrances, pouvait rendre ce témoignage admirable dans sa simplicité :

« Je n'ay jamais rien entrepris de conséquence,
« soit en public ou en particulier, dont vous n'ayez
« été le principal autheur, conseil, juge et censeur,
« ayant vescu en telle union, amitié et fraternité
« ensemble dès et depuis XL ans en ça, c'est-à-dire
« depuis le temps de nos premières estudes de
« droit, que rien n'a esté vostre, qui n'ait été mien,
« ny rien à moy, que vous ne puissiez justement
« dire vostre (1) ».

Quelle devait être la vie de ces deux élèves de Cujas, vous vous le figurerez aisément si vous réfléchissez à la multiplicité des connaissances techniques qu'il était nécessaire de réunir alors pour aborder la carrière du barreau. A la science approfondie du droit romain, qui formait la base exclusive de l'enseignement public, il fallait joindre celle du droit français étudié dans ses sources si diverses, coutumes principales et locales, ordonnances et édits, pratiques des différentes juridictions ; il fallait encore apprendre le

(1) Dédicace de l'*Homonox*, ou *de l'accord et union des subjets du Roy sous son obéissance* remonstrance faite à Périgueux à l'ouverture de la chambre de Justice, le lundi 4 juillet 1583. (*La Guyenne*, de M. Ant. Loisel, p. 135. Paris. L'Angelier. MDCV.)

droit canon, être feudiste, apanagiste, et il n'était pas permis d'ignorer les généalogies et les alliances de nos rois et des principales maisons de France. Mais la sévère discipline que ces jeunes hommes savaient s'imposer et dont ils ne s'affranchirent jamais leur permettait de trouver du temps pour ces longues études, sans négliger cependant les belles-lettres, qui étaient et qui sont toujours le repos et l'honneur de nos travaux professionnels.

Dans la journée qui pour eux commençait de grand matin, tous les instants, même ceux de la promenade, leur unique délassement, étaient mis à profit pour la culture intellectuelle ; le soir, ils se retrouvaient encore dans la bibliothèque de Cujas, où ils passaient souvent plusieurs heures de la nuit à feuilleter ses manuscrits (1).

Après cinq années d'une telle existence, Loisel prit ses degrés à Bourges. A vingt-trois ans, il entrait dans la vie publique armé de toutes pièces pour la lutte; instruit par l'étude, mûri par la réflexion, et se possédant tout entier dans l'habitude d'une rigoureuse discipline. En face des grands problèmes que la philosophie pose et que la religion résout, il n'était pas homme à chercher, comme Montaigne, l'équilibre instable de l'indifférence, prétexte commode dont on se sert quelquefois pour tout ignorer. Élevé

(1) Joly, p. X.

dans la foi catholique, il avait affermi par l'étude les croyances de son premier âge : trait remarquable qui achèvera de vous le peindre, et qui ne saurait être négligé dans un homme de son siècle.

Après avoir quitté Bourges, Loisel vint à Paris. Il y arriva la surveille de Noël 1559, le jour même où le Conseiller du Bourg avait été brûlé vif (1). Ne vous semble-t-il pas, Messieurs, que ce souvenir et cette date, consignés ainsi dans ses mémoires, disent à eux seuls beaucoup de choses? On était loin déjà du temps où les premiers adeptes des doctrines nouvelles venues d'outre-Rhin se réunissaient la nuit dans des greniers pour chanter les psaumes de Marot. En plein jour, au grand étonnement des Parisiens, le Pré aux Clercs, leur promenade favorite, avait retenti de ces harmonies inconnues (2). L'audace et le nombre des nouveaux luthériens allaient croissant : désormais ils avaient leurs apôtres, leur confession de foi, et leurs martyrs. Jusque dans le sein du Parlement, des voix courageuses s'étaient élevées pour les défendre, quand le pouvoir, après de longues incertitudes, s'était enfin arrêté au parti de la violence. Du côté des catholiques, près du clergé sans influence parce qu'il était sans vertu, une milice nouvelle, née

(1) Joly, p. XIV.
(2) V. Henri Martin. Hist. de France. t. VIII, p. 493.

de la veille et déjà puissante, avait fièrement planté son drapeau sur la montagne Sainte-Geneviève,non loin de l'antique Sorbonne, bravant les foudreset menaçant bientôt les priviléges de la *Fille des Rois* (1). Tout annonçait une crise imminente. Les plus sages esprits étaient consternés, les passions populaires s'irritaient, et la pistolade qui tuait le président Ménard au sortir de l'audience venait de donner le signal de trente-cinq ans de guerres civiles.

Tel fut le triste spectacle que la capitale de la France offrit alors à Loisel. Il ne s'y arrêta pas longtemps. Incertain sur la voie qu'il devait suivre, il alla revoir les siens à Beauvais et chercher auprès d'eux un conseil et un appui. Deux ans s'étaient écoulés déjà depuis que la mort, qui devait faire autour de lui tant de victimes, lui avait enlevé son père; et l'éloignement lui avait rendu plus amère la douleur de cette première séparation que d'autres peuvent suivre, mais ne font jamais oublier. Jusqu'à son dernier jour, le fils du bourgeois de Beauvais resta fidèle au culte de cette chère mémoire, et au milieu de ses plus grands succès, il ne manqua jamais de reporter pieusement sa pensée

(1) Ignace de Loyola était mort depuis trois ans. Les jésuites comptaient déjà 14 provinces, 100 colléges et 1000 membres environ. Ils tenaient le collége de Clermont, et demandèrent bientôt à être *incorporés* à l'Université. Ce fut l'occasion du fameux procès dans lequel Pasquier plaida pour l'Université.

vers celui qui avait été à la peine et qui n'était pas à l'honneur. Pendant son séjour à Beauvais, son frère aîné, élu de la ville, voulut lui faire acheter un office de conseiller clerc à la Cour. Le traité était tout préparé ; mais, heureusement encore pour nous, Lhospital refusa d'admettre la résignation.

Le second frère d'Antoine, lieutenant-général à Senlis, le retint quelque temps auprès de lui, et le fit employer en son siége par les procureurs. Plus d'un se serait laissé séduire par ces succès faciles et par la perspective d'un avenir assuré. Mais « parmy tous ces aises et advantages, « Loisel ne se sentait pas en son eau » (1). Une raison decisive l'attirait d'ailleurs à Paris : Pierre Pithou s'y était fixé et le pressait de l'y rejoindre. Cédant à ses sollicitations, il alla bientôt demeurer avec lui, comme autrefois ; et après s'être fait inscrire ensemble au barreau, les deux amis suivirent assidûment les audiences.

Je ne vous surprendrai pas, Messieurs, en vous disant qu'on ne leur confia d'abord aucune cause. Il est vrai que Pithou, pour sa part, ne paraissait guère en désirer. « Au lieu que les autres *cruda « adhuc studia in forum deferunt*, se jettent in- « continent au barreau pour plaider, lui, au

(1) Joly, p. XIV.

« contraire, continuant de plus en plus ses études, « se commandait un silence pythagorique » (1). Loisel supportait plus impatiemment cette attente. Enfin, les affaires ne venant pas à lui, quand « il aurait pourtant aussi bien fait que beaucoup d'autres, » il se décida à faire un pas vers les affaires; vous devinez comment, et je puis bien le dire, puisqu'il nous a recommandé lui-même le procédé : il entra chez un procureur « à condition qu'on lui baillerait des causes à plaider » (2). Ce procureur, qui se nommait Jérôme Blanchard, exécuta le traité; et grâce à lui, en 1563, Loisel put aborder la barre.

Nous ne savons rien des procès sans doute peu importants dans lesquels il débuta; mais ses premières plaidoiries le firent remarquer et lui valurent un puissant protecteur. Jean-Baptiste du Mesnil, avocat du roi, qui, comme Christophe de Thou et Séguier, avait tenu, avant d'occuper ces hautes fonctions, l'une des premières places parmi les *avocats des parties*, le distingua particulièrement. A peine l'avait-il entendu trois fois, « qu'il jeta les yeux sur lui, lui fit parler et lui « parla lui-même du mariage de damoiselle Marie « Goulas, sa nièce, orpheline dont il était le « tuteur » (3). Loisel fut tout surpris de cette

(1) Loisel. Vie de P. Pithou. *Opuscules*, p. 258.
(2) Joly, p. XV.
(3) Joly, p. XV.

communication : « il n'avait pas encore pensé à se marier » (1). Ce n'était pas pourtant faute d'avoir reçu déjà de semblables propositions. Il était encore étudiant, quand ses hôtes de Cahors et de Valence avaient voulu l'avoir pour gendre. Il avait sagement décliné leurs offres, « pensant « dès lors en lui-même que le port d'une femme « de ces quartiers-là serait bien cher, et qu'il n'y « avait pas été envoyé pour se marier » (2). Quoiqu'il eût alors vingt-sept ans, il se trouvait disposé à faire un pareil accueil aux projets de M. du Mesnil. Sans doute il n'était point de ceux pour qui la crainte du mariage est le commencement de la sagesse. Mais peut-être, se sentant loin du but où tendaient ses efforts, craignait-il d'abdiquer trop tôt ce gouvernement absolu de lui-même qu'il avait jusque-là si noblement exercé. N'osant pas cependant refuser, il se retrancha derrière la volonté de sa famille, pensant qu'elle l'aiderait à rompre. Il se trompait. Sa mère et ses frères vinrent à Paris, et « au premier pourparler ils arrêtèrent les articles. » Cette fois Loisel ne pouvait plus reculer. Aussi aimait-il à répéter souvent, en rappelant ce souvenir, que « les mariages se font au ciel et se consomment sur la terre » (3).

(1) Joly, p. XV.
(2) Joly, p. X.
(3) *Institutes coutumières*. Livre I, tit. II. *Du mariage*. II.

Ce fut M. du Mesnil qui fit les noces; et Loisel nous avoue naïvement qu'il en reçut honneur et profit : « car ce furent bien les plus grands « et honorables festins qui se soient oncques « vus en nopces, y ayant invité tous Messieurs « les présidents et gens du roy, à fin de le faire « connaître à eux ; ses principaux parents de « Beauvais, Senlis, Paris, Pontoise et Chartres, « s'y estans trouvez, et plusieurs de leurs amis « communs; la pluspart la veille, le jour et le « lendemain. Et se souvenait que l'on disait « qu'il ne s'y mangea point de chair de bou- « cherie; mais au lieu d'icelle toute venaison, « ayant esté envoyées à M. l'advocat du Roy « vingt-deux bestes, tant cerfs que biches, che- « vreuls et sangliers, etc., etc. » (1). C'était le 2 août 1563, au lendemain d'une de ces rares accalmies, pendant lesquelles, au milieu de la tempête déchaînée sur le pays, les cœurs français pouvaient oublier un instant les maux du passé et s'ouvrir à de timides espérances. Le vertueux Lhospital était encore écouté; rapprochés par son influence, protestants et catholiques, en reprenant le Havre aux Anglais (2), venaient de retrouver devant l'étranger l'union et la victoire.

Quoique marié, Loisel « se rendit fort subjet

(1) Joly, p. XV.
(2) Le Havre capitula le 28 juillet 1563.

au Palais », et y fut assez employé. Bientôt M. du Mesnil, dont l'influence lui avait procuré des clients, le fit nommer substitut du procureur général ; et c'est en cette qualité qu'il assista pour la première fois aux grands jours de Poitiers. Rentré à Paris, devenu père de plusieurs enfants, il vivait heureux au milieu de sa jeune famille, partageant son temps entre les travaux du Palais et les douces préoccupations du foyer domestique, lorsqu'éclata la nuit effroyable du 24 août 1572.

Quel deuil, Messieurs, et quelle honte, pour une âme vouée au culte de la justice et soucieuse de l'honneur national ! Mais pour ceux qui sentaient là, près d'eux, menacés peut-être, sans qu'on pût les secourir, des parents ou des amis, quel supplice pendant ces longues heures d'angoisses ! Le crime est libre au milieu des ténèbres. Malheur à celui qui s'est fait un ennemi dans la cité et qu'une voix inconnue dénonce comme « sentant mal de la foi ! » A la faveur de cette sanglante confusion, plus d'une vengeance privée s'assouvit. Ainsi succombe l'infortuné Ramus, l'ancien maître et l'ami de Loisel, auquel il confie par son testament le soin d'exécuter ses dernières volontés. Pierre Pithou, lui aussi, est à Paris, et comme Ramus, il a embrassé la nouvelle religion. Tandis qu'on égorge dans sa maison, il continue tranquillement à rassembler et à transcrire ses notes sur la collation des lois mosaïque et romaine. Heureusement une servante, alarmée pour lui du péril, l'arrache à ses livres et l'entraîne chez Loisel, qui le cache pendant trois jours.

Le danger passé, Pithou, « sur le conseil de « ses amis et après avoir conféré d'aucuns points « avec un sçavant docteur», prend la détermination de suivre la religion catholique et « de vivre comme les autres » (1). Il fallait avoir montré une fermeté d'âme à toute épreuve pour accomplir, à l'abri du soupçon, un pareil acte en un pareil temps. Nul n'a jamais fait planer l'ombre du doute sur la sincérité de la conversion de Pithou : on s'est contenté d'exprimer à cet égard un étonnement que je ne puis partager. N'avait-il pas à ses côtés Loisel, catholique fervent, qui souffrait de cette désunion, et qui employait discrètement à l'effacer la lente mais tôt ou tard décisive influence de l'exemple et de l'amitié?

Quand le calme fut rétabli, l'ami de Pithou dut se séparer de lui quelque temps pour aller occuper un poste où il eut l'occasion de confirmer et d'accroître sa réputation naissante.

Grâce à M. du Mesnil, il venait de succéder à Brisson dans la charge d'avocat de Monsieur, frère

(1) Loisel. Vie de P. Pithou. *Opuscules*, p. 260.

du roi, à l'Echiquier d'Alençon. Au cours des années 1574 et 1575, il prononça dans cette ville un grand nombre de plaidoyers, et surtout, à l'ouverture et à la clôture de l'Echiquier, deux remontrances qui furent très-remarquées par MM. du Parlement. Dans l'une d'elles, il fit paraître sous une forme piquante le zèle qu'il manifestait en toute rencontre pour la diffusion de l'instruction. Il avait été frappé de ne trouver en toute la ville d'Alençon « ny collège, ny eschole d'institution « publique aux bonnes lettres et discipline, ny une « seule boutique de libraire : « Ce qui vous est, dit-il vertement aux habitants d'Alençon, « un « grand reproche et vergongne et qui me ferait vo- « lontiers faire ce qu'on dict de Crates le Thébain; « et monter en la plus haute tour ou clocher de la « ville, et là m'escrier de toute ma puissance, afin « d'être entendu de tous les quartiers d'icelle: « que faites-vous, habitants d'Alençon ? Vous vous « tuez et les corps et les âmes pour acquérir des « biens à vos enfants de toutes parts : et vous ne « pensez aucunement à ceux pour qui vous les « amassez, qui en doivent être les maîtres après « votre mort, et qui les dissiperont en bien peu de « temps, si vous ne leur faites apprendre la science « d'en bien user, et bien faire et pour eux et pour « autrui, et ne leur donnez ce que la fortune ne « leur sçaurait oster. Vous me direz par adven- « ture, au moins quelques-uns d'entre vous, que

« vous n'en avez pas les moyens; qu'il faut de la « despense pour l'achapt et construction d'un col- « lège et des gaiges pour les précepteurs ; que vous « estes courts et mal garnis de deniers communs « et patrimoniaux en vostre hostel de ville, et que « vous n'y scauriez fournir si vous n'estes aidés et « secourus d'ailleurs. Et je vous respondrai en un « mot : Esvertuez-vous, et commencez seulement « d'y vouloir entendre, et vous y trouverez de « l'aide et du secours » (1).

Pendant qu'il était à Alençon, sa mère mourut à Beauvais, entourée de tous ses enfants et petits-enfants. Retenu par ses fonctions loin du toit paternel, Antoine, son dernier né, pour lequel elle avait toujours eu une tendresse particulière, et qui la payait de retour, manqua seul à cette triste réunion. Il essaya d'adoucir ses regrets et de réparer en quelques sorte son absence en écrivant pour lui-même ce qu'il appelle une « *consolation* « *sur le trépas de sa mère*, » où sont réunis avec une émouvante simplicité tous les détails de la scène d'adieux à laquelle il n'avait pu assister. Appelés à Beauvais pour le mariage d'un de leurs oncles, « ses frères s'y étaient rendus dès la veille et

(1) Remontrance faite à l'Echiquier d'Alençon, le 10e jour de novembre 1576. Elle se trouve dans le *Recueil des remontrances et actions publiques faictes en la cour de Parlement aux ouvertures d'icelle et ailleurs, par quelques avocats du Roy et signalez personnages de ce temps*. A Paris, chez Gilles Robinot. In-8°. MDCV. Pag. 748.

« avaient été saluer leur mère en son lict qu'elle « gardait il y avait longtemps à cause de l'infir- « mité de sa personne et de son âge. Et le lende- « main comme ils estoient prests d'aller soupper « aux nopces de leur oncle, estans revestus de leurs « beaux habits, on leur vint dire en grande dili- « gence qu'elle se portait plus mal, qu'elle avait « demandé l'enhuilement, et qu'ils eussent à se « haster : où s'estant tous rendus alentour de son « lict, avec leurs belles et bonnes robbes, ils trou- « vèrent qu'elle ne parlait quasi plus, et si tost que « l'enhuilement fut finy, et les prières achevées, « elle passa fort doucement et sans aucun effort. « De sorte qu'il semblait qu'elle eust attendu à « mourir jusques à ce que tous ses enfants fussent « présents, lesquels, au lieu d'aller aux nopces, « furent retenus en une chambre à prier Dieu pour « elle, et les jours subséquents vacquèrent à son « enterrement et services ordinaires » (1).

A peine revenu de l'Echiquier d'Alençon, Loisel partit pour Poitiers. De nouveaux Grands Jours allaient y être tenus ; et il devait être employé comme substitut à ce qui concernait le rétablissement du service divin. Le grave magistrat joua son rôle alors dans une aventure extrajudiciaire qui fit trop de bruit en son temps et qui éclaire un côté trop curieux des mœurs du siècle pour qu'il me soit permis de vous la laisser ignorer.

(1) Joly, p. XIX.

Il y avait en la ville de Poitiers un salon renommé dans lequel je vous propose d'entrer, à la suite de Loisel, introduit par Pasquier. C'était le salon de Madame des Roches et de sa fille, personnes instruites et vertueuses, cultivant les lettres et la société des gens d'esprit. J'allais oublier un trait qui a sa valeur : la mère avait été belle, et la fille l'était encore davantage, au dire de Pasquier, juge compétent en pareille matière. « Le matin on les « trouvait toutes les deux, après avoir donné ordre « à leur ménage, se mettre sur les livres, puis tan- « tost faire un sage vers, tantost une epistre bien « dictée. Les après-disnées et souppées, la porte « était ouverte à tout honnête homme. L'on trai- « tait divers discours, ores de philosophie, ores « d'histoire, ou du temps, ou bien quelques propos « gaillards. Et nul n'y entrait qui n'en sortît ou plus « scavant ou mieux edifiez » (1). Dans ce salon se trouvaient réunis les magistrats et les avocats que les Grands Jours avaient amenés à Poitiers: le président de Harlay, Brisson, Choppin, Mangot, Binet, Nicolas Rapin, doctes personnages, heureux de mettre ainsi quelque repos joyeux entre le labeur de la veille et celui du lendemain. Là, on dépouillait la gravité du prétoire, et on s'abandonnait sans réserve aux charmes d'une conversation où l'esprit brillait quelquefois, mais d'où le

(1) *Estienne Pasquier*. Lettres. Livre VI. Lettre VII, à M. Pithou.

rire n'était jamais absent. Chacun apportait ses vers; car tous ces érudits sacrifiaient aux Muses, le plus souvent dans la langue de Virgile, qu'ils maniaient plus habilement que la leur. Tous prétextes leur étaient bons pour se livrer à ces jeux d'esprit où l'on avait encore le temps de s'exercer. Un jour que Mademoiselle des Roches causait avec Pasquier, une puce survient et se pose sur le sein de la précieuse. On se récrie, on s'étonne de tant d'indiscrétion et de tant d'audace. Il n'en fallait pas davantage pour exciter la verve poétique de tous les amis de la maison. Loisel lui-même avait peine à se persuader qu'on fît tant de bruit autour d'une puce :

Fallimur? an mentes falsâ sub imagine captas
Errantesve oculos species deludit inanis?
Non est hic pulex, non est, mihi credite, pulex,
Qui pluteos vatum et consultorum atria pulsans,
Cunctorum passim mentes et pectora turbat (1).

Et pourtant c'était bien lui, qui, entré en lice des premiers, célébrait ainsi, dans sa langue favorite, comme Pasquier l'avait fait d'abord en français, cette

Petite puce frétillarde
Qui d'une bouchette mignarde
Suçote le sang incarnat
Qui colore un sein délical (2).

Chacun paya son tribut galant à Mademoiselle des Roches.

Vous pensez sans doute, Messieurs. que de sem-

(1) Loisel. *Pulex Pictonicus.*
(2) Est. Pasquier.

blables productions ne méritaient pas de voir le jour. Leurs auteurs en jugeaient autrement. Ils les firent imprimer avec soin ; et la *Puce de Poitiers* devint, comme on dirait aujourd'hui, le titre d'une brochure qui trouva des lecteurs (1). Si vous ne pouvez pas les plaindre, gardez-vous au moins de les imiter. Il vaut mieux, croyez-moi, retourner avec Molière dans le salon de Philaminte et d'Armande, ces arrière-petites-filles de Madame et de Mademoiselle de Roches, pour y entendre l'inimitable sonnet à la *princesse Uranie sur sa fièvre.*

Aussi bien je me hâte, après cette longue digression, de revenir aux choses sérieuses que Loisel n'abandonna jamais si longtemps. Deux ans après les Grands Jours de Poitiers, un de ces nombreux édits qui portaient le titre toujours menteur d'*édits de pacification* accorda aux religionnaires une chambre de justice par Parlement. On jeta les yeux sur Loisel et on lui proposa de remplir les fonctions d'avocat général à la chambre de justice de Guyenne. Son caractère et son talent étaient connus déjà depuis de longues années; mais, dans une circonstance récente, consulté par le duc d'Anjou, son client, sur son projet de mariage avec une princesse d'Angleterre (2), il avait montré un

(1) *La Puce* ; ou Jeux poétiques, françois et latins; composez sur la Puce aux Grands Jours de Poitiers, l'an 1579, dont Pasquier fut le premier motif.

(2) En 1579. Voir Note n° 3 à la fin du discours.

esprit capable de s'élever sans effort au-dessus de la sphère où s'agitent les ambitions privées, et de faire prévaloir avec une simplicité pleine de grandeur les intérêts trop oubliés de la patrie. Cependant, de si haut qu'elles vinssent, les instances qui lui furent faites pour le déterminer à occuper le poste d'avocat général n'eussent peut-être pas triomphé de ses hésitations et de ses scrupules si Pierre Pithou n'était encore intervenu. D'une voix unanime, il avait été désigné comme procureur général par le conseil du roi; mais il n'avait accepté ses fonctions qu'à la condition expresse d'avoir Loisel pour collaborateur. En un instant l'amitié eut ainsi raison d'une résistance que la modestie inspirait seule et que toutes les influences de la Cour n'eussent pas réussi à faire céder. Le procureur général et l'avocat du roi, « acceptant leurs commissions l'un pour l'amour de l'autre » (1), partirent ensemble pour la Guyenne.

Ce n'était pas une tâche ordinaire que celle qui s'imposait alors aux représentants de la justice royale : et tel qui se fût laissé séduire par sa grandeur eût peut-être sagement reculé devant ses difficultés. Rétablir le règne du droit dans une province où la violence l'avait primé si longtemps; prêcher, au milieu des débris fumants de nos discordes civiles, « l'oubliance des maux faits et reçus

(1) Loisel. Vie de P. Pithou. *Opuscules*, p. 263.

pendant les troubles » (1); parler d'amnistie, et se faire écouter, quand la haine vivait encore au fond de tous les cœurs; verser en un mot le baume de la paix et de la concorde sur les blessures de ce peuple malade qui ne veut pas être guéri, tel était le grand office que la France, toujours debout derrière un pouvoir méprisé, attendait alors de ses magistrats. Loisel s'y dévoua corps et âme. En trois ans, il prononça dans diverses villes huit harangues solennelles et deux mille plaidoyers pour le roi, ne comptant pas avec sa santé qui s'accommodait mal de ce labeur effrayant (2). Ses remontrances seules nous sont parvenues. S'il fallait les juger par le côté littéraire, je serais tenté d'imiter la sincérité de cet ami qui lui écrivait après les avoir reçues: « Ce que vous estimez le « plus riche en icelles est à mon avis le plus pau- « vre : je veux dire tant de passages grecs et latins, « tant d'allégations d'auteurs dont vous réparez « votre discours ; je désire que, tenant le lieu au- « quel estes appelé, nous habillions un orateur à la « française, si proprement et à propos que nos ac-

(1) C'est le titre de la remontrance prononcée par Loisel à Agen, le 11 octobre 1581, et publiée dans *La Guyenne*, avec une dédicace à Montaigne.

(2) Pasquier (*Lettre XII, Livre VII*) en lui accusant réception de ses remontrances, lui recommande de se soigner. « *Car je crains, dit-il, que pendant que vous mettez toute votre estude à la conservation de votre honneur en la charge en laquelle estes maintenant appelé, vous mettiez en oubli le soin de votre corps et de votre santé.* »

« tions s'éloignent le plus qu'elles pourront de la « poussière des escholes, puisqu'il les faut repré- « senter en cette grande lumière du soleil » (1).

Celui qui parle ainsi, Messieurs, c'est Pasquier, l'un des rares écrivains qui comprirent à cette époque le vrai génie de notre idiôme national, et qui le défendit avec tant de bonheur contre les tentatives de Ronsard et des Latinisants.

Mais il n'est pas donné à tous de s'élever de toutes parts au-dessus du siècle. Si Loisel dans son style sacrifie trop au goût du sien, comme il domine ses passions et ses haines de toute la hauteur d'une âme habituée à écouter pour elle-même et à faire entendre aux autres le langage de la justice et de la vérité ! Quel mélange vraiment chrétien de prudence et de fermeté dans son attitude vis-à-vis des calvinistes dont il sait respecter la foi sans fuir aucune occasion de confesser publiquement la sienne ! Quel fier et triste écho des malheurs de la patrie ! Au lendemain de la double humiliation de la guerre civile et de l'invasion étrangère, quel énergique appel à toutes les traditions de l'orgueil national ! « Car nous som- « mes le même peuple qu'étaient jadis nos ancêtres « les Gaulois; desquels celuy qui en avait plus par- « faite cognoissance que nul autre, et en estait « juge compétent a ja pieça écrit dans ses mé-

(1) Pasquier, ibid.

« moires: *Totius Galliæ consensui nec orbis terrarum* « *obsistere posset*. Gardons-nous doncque contre « les périls étrangers. Empêchons que le reistre « pillard et voleur ne retourne plus charger ses « charriots de nos meubles et despouilles. Rete- « nons et enfermons le fier et felon Anglais dedans « les bornes et fossez que Dieu a mis entr'eux et « nous. Et surtout craignons que ce cruel, glorieux « et insupportable Espagnol n'effectue les desseins « et entreprises qu'il trame de si longtemps sur « nous, bastissant ses desseins sur le plant de nos « follies et divisions : et ne face à la parfin tomber « sur nos testes les orages des armées qu'il n'entre- « tient à d'autre fin dès et depuis 20 ans en ça, que « pour nous perdre et abîmer tout en un coup, « lorsque l'occasion s'en présentera » (1).

L'heure n'était pas encore venue où ces leçons de sagesse pouvaient porter leurs fruits. Loisel était à Saintes, remplissant les devoirs de sa charge, quand les troubles de la Ligue vinrent interrompre l'œuvre d'apaisement à laquelle il s'était consacré. La chambre de justice levée, il revint à Paris, et y reprit son rôle modeste d'avocat du commun, refusant, comme Pithou, de s'abaisser à ces sollicitations et à ces intrigues au prix desquelles, car l'argent ne suffisait pas, il fallait acheter alors les offices de judicature.

(1) *La Guyenne*, p. 206. — Remonstrance VI, prononcée à Périgueux, le 10 janvier 1584.

A peine ai-je besoin de vous dire qu'il fut recherché aussitôt par les plus grandes et les plus lucratives clientèles. Ce fut à cette époque, en 1586, qu'il plaida devant le Parlement une affaire importante dont la place est restée marquée dans les annales judiciaires du temps. Les débats occupèrent plusieurs audiences, détail qui méritait encore d'être signalé, et furent suivis par plusieurs personnes de distinction.

J'aurais bien désiré, Messieurs, vous rendre compte au moins de la plaidoirie de Loisel, et ce n'est pas à cet égard la bonne volonté qui m'a manqué. Mais, vu la nature du litige, il aurait fallu pour cela une science consommée du droit canon et des questions bénéficiales. Vous ne m'en voudrez pas, j'en suis sûr, d'avoir pensé qu'une excursion au milieu de ces matières, qui ne nous sont pas tout à fait aussi familières qu'à Loisel, manquerait pour nous d'intérêt ; et vous vous contenterez de savoir qu'il s'agissait de la cure de St-Cosme, disputée à un Sr Teurier par un Sr Hamilton, Ecossais, ligueur acharné dont la Ménippée a conservé le nom (1). L'Université, qui avait déjà des procès et ne les gagnait pas toujours, était en cause. Loisel, son avocat, à grand renfort de citations et d'autorités, soutint pour elle et démontra

(1) *Abrégé des Estats de Paris. Sat. Ménippée. Ed. Labitte*, p. 14. — Hamilton figure avec Lincestre et Boucher dans la fameuse procession.

victorieusement, c'est le titre assez piquant de son plaidoyer « qu'elle est plus ecclésiastique que séculière.» (1).

Ce fut l'une des grandes causes où il se distingua ; les autres nous sont demeurées inconnues.

Mais bientôt le tumulte de la sédition le chassa de cette capitale, d'où le roi, presque prisonnier dans son palais, fuyait lui-même à grand'peine au travers des barricades. Justement effrayé par cette journée du 12 *mai* (2) qui resta dans la mémoire des contemporains comme le prélude des excès de la Ligue et des horreurs d'un long siége, Loisel prit le parti de se retirer à Beauvais « pour essayer s'il y pourrait faire sa retraite » (3). Son espoir fut déçu. La ville était acquise tout entière au parti de la Sainte-Union ; et je voudrais, Messieurs, vous faire assister à ce tableau d'une cité ligueuse qu'il eut alors sous les yeux.

En possession depuis plus de trois siècles de leurs franchises communales, fortement imbus des traditions de cette démocratie féodale dont leur charte avait pour ainsi dire consacré la naissance (4), les bourgeois de Beauvais ne connais-

(1) *De l'Université de Paris et qu'elle est plus ecclésiastique que séculière.* Le plaidoyer se trouve à la fin de *la Guyenne.*

(2) 1588.

(3) Joly, p. XXIX.

(4) M. Guizot, dans sa monographie sur Beauvais (*Histoire de la civilisation en France, t. IV*), fait remonter jusqu'en 1099 la Commune de Beauvais.

saient guère que de nom le pouvoir royal, pour avoir fait souvent appel à son intervention dans leurs démêlés avec l'Evêque et le chapitre de la cathédrale. Un siége présidial avait bien été érigé depuis peu dans la ville (1); mais ce tribunal sans prestige, sans asile digne de lui, presque sans causes, semblait encore un étranger à côté des puissantes juridictions ecclésiastiques et seigneuriales qui depuis plusieurs siècles se partageaient la cité. Beauvais n'était donc rattaché à l'autorité royale que par des liens très-fragiles, et ces liens avaient été bientôt rompus.

La population « fort dévote et catholique de son naturel » (2) n'avait pas vu sans une sourde irritation la plupart des gentilshommes du voisinage, les ennemis nés des riches drapiers qui gouvernaient la ville, embrasser les doctrines hérétiques. Bien plus, un scandale unique en France s'était passé sous ses yeux. Son évêque, Odet de Châtillon, prélat revêtu de la pourpre romaine, avait publiquement apostasié et célébré, disait-on, la cène calviniste dans son palais. Enfin les esprits déjà indignés et « naturellement prompts à la sédition (2) », avaient été enflammés par les prédications du théologal Luquin, l'impétueux émule des Lincestre et des Boucher ; et quand parut le manifeste de Péronne

(1) En 1582.
(2) Loisel. *Mémoire du Beauvaisis*, p. 26.
(3) Loisel. *Eod. loc.*

qui montrait déjà la couronne de France sur la tête d'un hérétique, l'idée d'une fédération avec toutes les bonnes villes avait été accueillie avec des transports d'enthousiasme.

Depuis longtemps déjà, quand Loisel y arriva, Beauvais avait pris ses mesures de défense. La milice communale était en armes; les compagnies privilégiées et de quartiers, qui toutes avaient solennellement signé l'Union (1), fournissaient des gardes pour les remparts et des guetteurs qui couraient la campagne. Par un de ces choix qui sont le premier châtiment des soulèvements populaires, les communiers venaient de se donner, dans la personne du maire Nicolas Godin (2) un maître terrible qui ne leur permit plus de reculer.

Quelles angoisses incessantes, et sans sa prudente réserve, quels périls peut-être attendaient notre confrère pendant son séjour de cinq années au milieu de cette population exaltée! Tantôt c'étaient des réfugiés, ou même des bourgeois, qu'on jetait en prison, suspects de *modérantisme*, sinistre expression qui manquait à la langue révolutionnaire de l'époque. Tantôt c'était l'évêque Nicolas Fumée, prélat vénérable, accusé d'attachement à la personne du *Biarnois*, et qui eut en

(1) La famille de Loisel était tout entière engagée dans la Ligue. Voir Note nº 4.

(2) Nicolas Godin et le docteur Luquin sont tous les deux mis en scène dans la préface de la satire Ménippée. (*Avis de l'Imprimeur au lecteur.*)

effet l'honneur de préparer le grand acte de sa conversion, qu'on chassait de la ville, après l'avoir abreuvé d'outrages (1). Témoin de tous ces excès, comme Pasquier (2), comme de Thou (3), comme ces hommes d'étude que la tempête avait dispersés à travers la France, Loisel, détournant ses regards du présent et de l'avenir plus sombre encore, se réfugia dans le passé. Parcourant les abbayes et les monastères, s'enfermant dans les riches bibliothèques du chapitre de Saint-Pierre, de St-Lucien et de Froimont (4), fouillant leurs cartulaires, sauvant de la destruction tous les trésors échappés aux Normands, aux Anglais, aux Bourguignons et aux Jacques, il rassembla les matériaux de cette précieuse histoire du Beauvaisis qu'il nous a laissée et à laquelle ses contemporains ajoutaient alors une si lamentable page.

Pendant ce temps, Pierre Pithou était resté à Paris « pource que la Ligue l'y avait trouvé et que ses livres y étaient (5) ». Son ami, qui n'avait jamais vécu si longtemps loin de lui, profita d'une trêve pour aller l'y retrouver. Il vit les fameux états

(1) Tous les détails de ce tableau d'histoire locale ont été réunis par M. Dupont White, dans un ouvrage plein d'érudition : *la Ligue à Beauvais*. Paris, Dumoulin. 1846.

(2 - 3) Voir Note n° 5.

(4) Il publia plus tard un poëme français sur *la Mort*, composé au XIIe siècle, par Hélinand, moine de Froimont.

(5) Loisel. Vie de Pithou *Opuscules* p. 267.

d'Espagne, ainsi que l'atteste une épigramme latine dans laquelle il en rendit compte à Pasquier (1). N'assista-t-il jamais, avec Pithou et Rapin, à ces réunions du soir que Gillots tenait en sa maison du quai des Orfèvres et d'où est sortie, dit-on, la triomphante Ménippée? Il était à la fois trop modeste et trop prudent pour s'en vanter; et je ne veux point, même ici, hasarder une supposition qui nous serait pourtant permise. Mais, attaché de cœur à la cause du roi, Loisel la servit mieux que par des pamphlets. Quand l'abjuration du Béarnais, promise depuis longtemps et sans cesse différée, devint enfin un fait accompli, il contribua, par l'influence qu'il exerça sur son voisin Lhuillier, prévôt des marchands, à lui ouvrir les portes de Paris. Il fit plus encore : Beauvais, fatigué de la lutte, hésitait à suivre l'exemple que tant d'autres villes avaient donné. Il écrivit aux maires et pairs une lettre qui les détermina, et la cité ligueuse fit sa soumission.

Lorsqu'Henri IV fut rentré au milieu de cette population parisienne « affamée de revoir un roi » (2), on agita dans son conseil la question de savoir s'il convenait de rétablir le cours de la justice avant l'arrivée de ceux de Messieurs du Parlement qui s'étaient réfugiés à Tours.

(1) Voir Note 6.

(2) Expression de Henri IV, citée par Anquetil. *Esprit de la Ligue.*

Au grand mécontentement des absents, on prit le parti de ne point les attendre. Le dimanche 27 mars après dîner, le chancelier Chiverny manda Loisel, et lui annonça que le roi réclamait de lui un service exceptionnel : il s'agissait d'occuper le lendemain matin le siége d'avocat général, et d'ouvrir par une remontrance l'audience solennelle de la grand'chambre. En une pareille conjoncture, on ne pouvait même pas délibérer. D'ailleurs, cette fois, comme en Guyenne, Pierre Pithou était procureur général, et Loisel « possédait un assez ample fond et magasin de doctrine pour n'être pas pris au dépourvu »(1). Le lendemain à l'heure dite, « après la lecture faite des édits et « déclarations du roy sur la réduction de la ville « de Paris sous son obéissance et rétablissement « de son parlement en icelle », il se leva, et au milieu d'un silence où la curiosité avait peut-être autant de part que le respect, il prononça les premières paroles de sa remontrance improvisée :

« Messieurs, dit-il, il se lit en un historien grec « que comme l'empereur Valens conduisait son « armée par la Thrace pour aller faire la guerre « à quelques coureurs Scythes, ils rencontrèrent en « leur chemin le corps d'un homme couché par « terre, froissé, meurtry et moulu en toutes ses « parties, ressemblant proprement à ceux qui

(1) Pasquier. Lettre II, Livre XVI, à Théodore Pasquier son fils.

« auraient été battus et fustigez nuds de verges ou « escourgées, depuis la teste jusqu'aux pieds : ne « se pouvant aucunement mouvoir, ayant néan- « moins les yeux ouverts » (1).

Ce que fut le reste du discours, vous pouvez, Messieurs, le deviner par l'exorde. Cet homme meurtri et moulu, étendu à terre dans un état voisin de la mort et qui tout à coup se lève et marche dès que l'empereur Valens s'approche de lui, c'est la France qu'Henri IV relève abattue par la guerre civile et dont il va soudainement guérir les maux. La comparaison se poursuit jusque dans les plus minutieux détails avec une fidélité qu'on ne trouvait pas alors trop scrupuleuse. L'éloquence judiciaire du temps se reflète dans ce discours : savante par habitude et sans pédanterie, ennuyeuse et lente par conscience, accommodée en un mot au goût de nos ancêtres, plus érudits et surtout moins pressés de vivre que nous.

Au lendemain de ces grands événements où il avait paru non sans éclat, la voie des honneurs était ouverte à Loisel. Mais, si haut que son mérite l'ait placé dans des circonstances difficiles, à ses yeux ce n'était pas déchoir que de rentrer au barreau. Aussitôt l'arrivée de Messieurs de Tours, il reprit sa place parmi ses compagnons du Palais, justement fiers de le revoir à leur tête. Parvenu

(1) Cette remontrance a été imprimée dans *la Guyenne*, p. 321.

alors au premier rang du barreau, entouré de ses nombreux enfants qui portaient dignement son nom dans les plus honorables emplois, libre enfin, grâce à la paix, de reprendre ses projets d'études tant de fois interrompus, il s'apprêtait à jouir du bonheur des siens, et d'un repos chèrement acquis, lorsque les malheurs domestiques vinrent fondre sur sa maison avec une effroyable rapidité.

En moins d'une année, il vit périr entre ses bras Marie Goulas, sa femme, la mère de ses huit enfants, associée depuis trente-deux ans à tous les labeurs de sa vie : puis, moissonnés ensemble dans la fleur d'une jeunesse pleine d'espérances, ses deux derniers fils, Edouard et Regnauld, enlevés par la peste, épouvantable fléau, plus meurtrier alors que la guerre et qui la suivait toujours. Nouvelle affliction! Il fallait fuir loin de ces tombes à peine fermées, et chercher ailleurs un toit plus épargné. Son vieux Beauvais lui servit encore d'asile, et cette fois, il y put « faire sa retraite, » au milieu de tous ces souvenirs du passé où se complaît la douleur. Pendant son absence, une triste nouvelle, qu'on lui cacha soigneusement jusqu'à son retour, se répandit tout à coup au Palais : Pierre Pithou venait de succomber. Le coup qui le frappait ainsi trop tôt pour la science et pour son pays eut un douloureux retentissement dans l'âme de Loisel, et l'on peut dire qu'il brisa l'un des derniers liens qui le rattachaient à la terre. Chaque jour, en se retrouvant seul à son foyer désolé, il dut, lui aussi, s'étonner de vivre (1), quand il ne vit plus à ses côtés celui qu'il avait appelé « son perpétuel collègue. » Il rendit un dernier hommage à sa mémoire en publiant ses ouvrages et en écrivant sa vie : œuvre touchante où les deux amis revivent tout entiers, bien que le nom de l'un d'eux y soit seul prononcé. La modestie de Loisel l'empêchait de s'apercevoir qu'en traçant le portrait de Pithou, il se peignait lui-même : tant avaient été étroites la ressemblance de leurs âmes et la communauté de leurs vies !

En vain, reprenant le chemin du Palais, essaya-t-il, pour faire diversion à sa douleur, de le fréquenter assidûment ; là plus que partout ailleurs, Pithou pour lui était absent. A cette barre, qu'ils étaient destinés à illustrer un jour, les deux élèves de Cujas n'étaient-ils pas venus ensemble prêter leur serment professionnel ? Et ces galeries bruyantes, que de fois ils les avaient parcourues, jetant un œil d'envie sur les sacs de leurs confrères, et surpris de l'indifférence des procureurs (2) qui ne pensaient même pas à s'enquérir de leurs noms !

(1) *Mirabar enim cæteros mortales vivere, quia ille, quem quasi non moriturum dilexeram, mortuus erat : et me magis quia illi alter eram, vivere illo mortuo mirabar.* (St Augustin. *Confessions.* Livre IV. Chapitre VI).

(2) Pasquier, dans sa dernière lettre du livre XXII, raconte

Trente-cinq ans depuis cette époque avaient passé sur la tête de Loisel. Le temps, en creusant des rides sur son front, ne lui avait pas même laissé la blanche auréole dont il couronne les vieillards ; la tristesse et la fatigue des longues veilles avaient amaigri ses joues et voilé l'éclat de son regard; mais ses lèvres, encadrées dans une barbe épaisse, tempéraient par un air de douceur et d'abandon la gravité un peu austère de ses traits (1) ; et ceux qui maintenant s'inclinaient à son passage, pouvaient saluer en lui cette beauté dont tout visage humain est capable, quand il porté le triple reflet de la science, de la vertu et du malheur.

A partir de cette époque, on ne le revit plus à la barre. Il se consacra tout entier aux consultations où il avait toujours excellé. Comme pour combler le vide que la mort avait fait à leurs côtés, Pasquier s'était rapproché de lui. Souvent ils réunissaient autour d'eux leurs enfants et François Pithou, le frère de leur ami commun. Ce cercle intime, où tous les bruits du Palais avaient, comme vous le pensez, leur écho, fut mis un jour en émoi par la nouvelle d'une véritable révolution

qu'en 1559, retournant au Palais après une maladie de deux ans, il n'y était presque plus connu. « *Je fus*, dit-il, *l'espace de deux mois entiers sans qu'aucun procureur me demandast mon nom.* »

(1) Sur le portrait de Loisel, voir Note n° 1.

qui venait d'éclater dans le monde judiciaire. C'était chez Loisel, un dimanche du mois de mai 1602. Quelques jours auparavant, la Cour avait résolu en une mercuriale d'imposer aux avocats l'observation de l'art. 161 de l'ordonnance de Blois, inexécuté jusque-là, et qui leur prescrivait d'écrire et parapher de leur main sur les consultations ce qu'ils ont reçu pour leur salaire. Aussitôt, 307 avocats, assemblés en la chambre de leur Conseil, étaient allés deux par deux au greffe de la Cour déclarer qu'ils quittaient volontiers leurs fonctions, plutôt que de souffrir un règlement préjudiciable à leur honneur.

Pour utiliser ces loisirs imprévus, Pasquier, sur la demande de Loisel, entreprit de communiquer à ses jeunes confrères « ce qu'il avait pu entendre « et connaître de l'Ordre des avocats au Parle- « ment, de leur première institution et progrès, « de l'honneur et dignité de la charge » (1). Avec la patience et le soin d'un érudit, il parcourut toute la suite des temps historiques, nous découvrant des ancêtres un peu oubliés jusque parmi les Gaulois, puis parmi les *clamatores* des capitulaires de Charlemagne, les *emparliers* et *chevaliers de lois* du moyen âge, pour arriver enfin jusqu'aux grands noms contemporains, sans oublier la char-

(1) *Dialogue des advocats du Parlement de Paris*. Edit. Dupin. Paris. Videcoq, 1844, p. 8.

mante légende de l'archidiacre de Rennes, Yves de Kermartin.

A mesure qu'il s'approchait des temps présents, les portraits se succédaient peints en pleine lumière, avec une vérité d'expression qui n'était pas faite pour satisfaire toujours ceux qui avaient servi de modèles.

Ici, c'était un magistrat, Noël Brulart, ancien advocat du commun, devenu Procureur général, dont on recommandait, non sans quelque pointe de méchanceté, l'exemple à ses successeurs : « particulièrement en ce que, venant de bon matin au « Palais, il allait par les chambres voir si chacun « faisait son devoir ; et s'il trouvait aucuns de « messieurs hors d'icelles, causant ou allant de « chambre en chambre, il les regardait de tel œil « que sa seule contenance et gravité les faisait « retirer et contenir en leur devoir (1). » Là, c'était « un irrégulier, Léonard Goulas, beau-frère de Loisel, peu employé au Palais : « parce qu'il était « d'une plus grande liberté, ne pouvant endurer, « non-seulement les inepties et importunités des « parties, ou des procureurs que nous sommes souvent contraints de digérer, mais non pas « mesme les répréhensions que font quelques fois « messieurs les Présidents, lesquels nous devons « respecter et reblandir (2); » puis Versoris, habile

(1) *Dialogue des advocats*, p. 77.
(2) *Eod. loc.* p. 91.

procédurier qui « rhabillait les fautes qui se font « quelquefois en l'instruction des procez » (1); du Boisle « lequel n'avait rien de recommandable « que la force et hauteur de sa voix, et qu'on oyait « de la chapelle du Palais quand il plaidait aux « requestes (2) ; » Antoine du Lac, auvergnac, qui « était un peu trop vantart, luy semblant qu'il n'y « avait personne au Palais qui entendit la matière « des substitutions comme lui, dont ses compa- « gnons se riaient (3) ».

Ces traits charmants étaient relevés çà et là par les plus nobles conseils, et adoucis, s'ils avaient besoin de l'être, par ce sentiment de confraternité auquel nous devons trop de bonnes choses pour ne pas lui pardonner souvent un peu de malice.

L'ami de Pasquier et des Pithou avait pris à ces entretiens plus de part qu'il n'a voulu nous l'avouer. Il eut l'heureuse inspiration de les écrire, et c'est à lui que nous devons le *Dialogue des avocats du Parlement de Paris,* qui restera le plus antique et le plus précieux de nos souvenirs de famille.

Loisel avait alors 66 ans. Occupé à revoir et à compléter ses ouvrages, entretenant avec les principaux savants de France et de l'étranger une active correspondance (4), il pouvait croire que

(1) *Dialogue des advocats*, p. 104.
(2) *Eod. loc*, p. 101.
(3) *Eod. loc.* p. 99.
(4) Voir Note n° 8.

rien ne l'arracherait plus désormais à cette studieuse retraite qu'il avait toujours recherchée. Mais il s'aperçut bientôt qu'après avoir rendu de grands services il n'est pas aussi facile de se faire oublier. Le roi, qui voulait envoyer une Chambre de justice à Limoges, le sollicita personnellement de remplir encore les fonctions d'avocat général. Loisel hésita longtemps. Un sentiment excessif de défiance envers lui-même lui faisait craindre, s'il acceptait, d'être inférieur aux devoirs de sa charge, et il lui semblait que refuser, c'était « manquer à son prince et au public. » C'est pourtant à ce dernier parti qu'il s'arrêta, contrairement à l'avis de de Pasquier (1). Il s'était d'ailleurs confirmé dans la résolution déjà ancienne « de se débarrasser des « affaires le plus qu'il pourrait, et non-seulement « des étrangères, mais même des domestiques, « afin d'avoir plus de liberté de vacquer le reste « de ses jours à Dieu et à ses livres (2). »

Dieu et ses livres, tels furent en effet les deux grands objets autour desquels se rencontra sa pensée quand il eut payé sa dette aux siens et à son pays. Chrétien convaincu, attaché, comme les meilleurs esprits de son temps, aux doctrines gallicanes, il n'avait jamais cessé un seul jour de remplir les devoirs de la piété la plus éclairée et de poursuivre avec le zèle du croyant et la persévérance de l'éru-

(1) Voir Pasquier. Lettre X. Livre XIX.
(2) Joly, p. XIV.

dit l'étude de nos livres sacrés, discutant les textes, proposant des interprétations et des hypothèses, mais se soumettant toujours d'avance au jugement de son Eglise (1).

Travailleur infatigable, il avait pour les livres, au milieu desquels il avait passé sa vie, un attachement que nous ne pouvons guère comprendre aujourd'hui ; tant nous sommes habitués aux progrès qui ont répandu à profusion autour de nous les instruments de la science et la science elle-même. A l'époque où vivait Loisel, une bibliothèque comme celle qu'il avait réunie formait un trésor inestimable. Aussi avec quelle sollicitude, quand vint l'heure de se séparer d'elle, la recommanda-t-il aux soins de ses héritiers ! Et combien il serait heureux de m'entendre dire que ses derniers vœux ont été exaucés au-delà même de ses espérances ! Car, grâce à un enchaînement de circonstances favorables, ses livres les plus chers nous sont parvenus (2), enrichis d'annotations marginales où nous retrouvons, comme s'il eût été écrit hier, le commentaire que cet esprit si cultivé se donnait à lui-même de la pensée des grands maîtres.

La lecture a un charme bien doux. Il ne faut pas toutefois y céder trop longtemps, car, on l'a

(1) Voir Note n° 9.

(2) La bibliothèque nationale possède plusieurs ouvrages ayant appartenu à Loisel et annotés par lui, entre autres le traité de Cicéron *De officiis*, magnifique manuscrit du XIIIe siècle. (*Dép. des manuscrits. Latin* 18419. *fond. N. D.*)

justement observé, c'est un charme qui enivre et qui endort(1). Loisel avait beaucoup lu ; mais son intelligence toujours active sut résister à cet engourdissement fatal qui nous a privés de tant de chefs-d'œuvre.

De bonne heure, il avait compris que l'étude est un plaisir égoïste et stérile si elle n'aboutit à l'action, et il avait consacré sa vie à une œuvre immense qu'il eut la consolation d'achever et de donner lui-même au public : vous avez nommé ses *Institutes coutumières*, l'éternel honneur de son nom. Certes, Messieurs, c'était une tentative hardie pour l'époque que de résumer en un petit nombre de principes les règles de droit éparses au milieu des soixante coutumes principales et des deux cent quatre-vingt-cinq coutumes locales qui se partageaient la France. Concevoir une pareille entreprise trois siècles avant le Code civil, et faire ainsi l'un des premiers pas dans la voie de l'unité de législation, c'était déjà le signe d'un esprit supérieur à son temps : mais, pour la mener à bonne fin, il fallait y apporter, outre les efforts persévérants d'une longue existence, une science approfondie du droit et la critique la plus sûre. Vous savez si Loisel s'est montré à la hauteur d'une pareille tâche, et vous n'attendez pas de moi que je vous ramène au milieu de ses règles

(1) M. Laboulaye. *Rhétorique populaire*, p. 193.

de nos anciennes coutumes, dont la plupart, grâce à la forme originale et brève qu'il leur a donnée, se sont gravées d'elles-mêmes dans toutes les mémoires. J'aime mieux vous dire comment, à cause d'un de ces axiomes inoffensifs, la première de nos assemblées constituantes refusa deux cents ans plus tard à l'auteur des *Institutes coutumières* l'immortalité officielle que la France reconnaissante décernait alors à ses grands hommes. Un des descendants de Loisel, député de Vannes, qui n'avait pas hérité sans doute de la modestie de son aïeul, proposa de faire transférer ses cendres au Panthéon. Aussitôt, un membre de l'assemblée de rappeler la première maxime des *Institutes* (1) : « *Qui veut le roi, si veut* « *la loi.* » L'interprétation était, vous le savez inexacte. Mais ce souvenir de la monarchie absolue ne pouvait pas manquer son effet. En vain l'un des derniers ministres de Louis XVI l'avait-il publiquement répudié en disant aux notables assemblés : « Que d'autres rappellent cette maxime « de notre monarchie, *si veut le roi, si veut la loi* ; « la maxime de sa Majesté est : *si veut le* « *bonheur du peuple, si veut le roi !* (2) » Il était déjà trop tard, et nul ne se souvenait même que ces paroles avaient été prononcées. On décida donc au

(1) *Institutes coutumières.* Edition Dupin et Laboulaye, t. I. p.

(2) *Discours d'ouverture de l'assemblée des notables de* 1787, *par M. de Calonne, ministre des finances.*

milieu des applaudissements que les cendres de Loisel n'iraient pas au Panthéon. Vous ne serez point sans doute tentés de l'en plaindre, et peut-être vous semblera-t-il comme à moi que, s'il eût pu intervenir dans le débat, ému d'un reproche injuste et effrayé des honneurs dont on le menaçait, il eût demandé la parole à la fois pour se justifier et pour combattre la proposition.

Peu de temps après les *Institutes coutumières*, par un soin qui marque sa prédilection pour un de ses passe-temps favoris, il fit imprimer le recueil de ses poésies latines (1). Gardez-vous d'en conclure qu'il ne s'était jamais exercé à la versification dans sa langue maternelle; seulement il aurait rejeté bien loin, si jamais elle lui était venue, l'idée de mettre le public dans la confidence de cette faiblesse que bien peu d'hommes graves osaient alors confesser.

Quelques-uns de ses vers français, retrouvés dans ses papiers, ont paru cependant dignes d'être sauvés de l'oubli. Peut-être connaissez-vous déjà ceux dans lesquels il célèbre les charmes du pays de Brantôme, où un acccident de voyage l'avait forcé de s'arrêter en revenant de Guyenne (2) :

(1) *Epistolarum, Epigrammatum, Psalmorum et Precum, Epitaphorium aliorumque Poematum libellus.*

(2) *Manuscrits de Loisel.* — Bibliothèque nationale, 2 vol. in-f° latin, n°s 1^r^ 79 et 17180, t. II, p. 420.

Brantosme, ancien séjour des Nymph' et non de l'homme
Rien n'est en Périgord si joly que Brantosme ;
Brantosme qui dans soi les cheveux de hault prix
Garde éternellement de la belle Cypris ;
Brantosme aux belles eaux, dont la vertu surpasse
Celle que ces menteurs ont chanté de Parnasse.

Notre confrère aiguisait aussi finement l'épigramme. En voici une, dont le tour n'a pas vieilli, faite pour railler, au lendemain des élections municipales d'alors, quelque ambitieux de bas-étage, candidat malheureux aux fonctions d'échevin, et qui vainement, pour augmenter ses chances, avait sans doute renié son origine.

Quand tu briguais l'Eschevinage,
Tu niais être de Beauvais
Et du curé de Saint-Gervais
Tu disais tirer ton lignage ;
Faites donc, madamoiselle,
Bonne provision de vin,
De bois, de sucre et de chandelle ;
Car monsieur n'est pas eschevin (1).

Comme ses poésies françaises, mais pour des raisons différentes, ses *Mémoires de Beauvaisis*, si riches en détails curieux et en documents désormais introuvables, étaient destinés à ne point voir le jour de son vivant. Heureusement, un de ses amis (2), qui connaissait ce trésor, « l'extorqua de force de ses mains » et le décida à le communiquer au public. Ce fut le dernier ouvrage qu'il fit

(1) *Manuscrits de Loisel*, t. II, p, 365.

(2) M. de Besly, avocat du roi à Fontenay-le-Comte. (Joly, p. LIII).

imprimer, et comme il le dit lui-même (1), son adieu à la ville qu'il avait aimée.

Sa longue vieillesse, dont le deuil avait assombri les premières années, s'achevait au milieu des larmes, et, parvenu au terme de son existence, il pouvait dire qu'aucune douleur ne lui avait été épargnée. En 1610, il avait perdu son fils aîné Antoine, conseiller au Parlement, « qui avait « acquis beaucoup de réputation, de crédit et « d'amis, et qui donnait encore espérance de « quelque avancement plus grand » (1). Suivant une pieuse coutume à laquelle il était resté toujours fidèle, le malheureux père voulut exprimer son affliction dans quelques vers destinés à servir d'épitaphe à son fils; mais cette fois la plume tomba de ses mains :

« Ter nato extremum conanti dicere carmen
Ter patriæ cecidere manus .. »

Dieu lui réservait cependant une consolation. Son fils laissait un enfant posthume que Loisel put voir grandir à ses côtés. Comment vous dire la tendre affection dont l'aïeul entourait ce dernier rejeton de sa race en qui semblaient revivre tous ceux dont il portait le deuil, avec quels soins vigilants il l'éleva près de lui dans sa maison de

(1) Extremum hunc mihi, Christe Deus, concede laborem,
Gratus ut in Patriam moriar, vivamque superstes.

(Epigraphe des mémoires du Beauvaisis.)

(1) Joly, p. XLIX.

campagne de Chevilly, héritage de famille où il passa ses dernières années. Souvent, d'un pas égal, car ce n'est pas sans un secret dessein que Dieu mesure aux pas des petits enfants la marche plus lente des vieillards, ils se promenaient ensemble sous les ombrages de cette chère demeure (1). Retournant, lui aussi, aux jours lointains de son enfance, le grand-père aimait à raconter les souvenirs de ce temps où « Nicolas Loisel. son « propre aïeul, ayant ses douze enfants pourvus, « les assemblait tous les dimanches à soupper en « sa maison, et bien souvent les enfants de ses « enfants, ce qu'il faisait afin de les entretenir en « amitié » (2). Le petit-fils étonné, recueillait et ne dut jamais oublier ces légendes d'un autre âge, première et ineffacable image des saintes traditions de la famille.

L'État des affaires publiques ne permit pas au vieillard de jouir en paix de ces derniers instants de bonheur. La mort du roi ouvrant la carrière aux ambitions des princes, avait livré la cour aux intrigues et replongé la France dans la guerre civile. Et quand pour la dernière fois, le bon Loisel, monté sur sa mule, accompagné de son fils Guy, chanoine de Notre-Dame, put retourner à sa mai-

(1) *Ad Vidum filium.*
Quis Civilliacâ lateat, si quæris, eremo.
Laertesque senex, Telemachusque puer.
(Distique de Loisel).

(2) Loisel. *Mémoires du Beauvaisis*, p. 214.

son de Chevilly, c'était pendant une « surséance d'armes » (1). Puis ce fut Pasquier, éloigné de Paris depuis longtemps, et qu'il avait vainement essayé d'y rappeler (2), qui le précéda dans la tombe. Il n'avait pas eu besoin de ces avertissements répétés pour se préparer à la mort (3). Son âme virile et chrétienne n'avait jamais chassé loin d'elle, comme un hôte importun, la pensée de son dernier jour. Travaillant comme s'il devait toujours vivre, il avait vécu comme s'il devait à chaque instant mourir (4), et quand son heure fut venue, il reçut avec sérénité le signal du départ pour la terre promise où il se savait attendu.

En le voyant s'éteindre ainsi lentement dans l'infortune, peut-être sentez-vous comme moi se mêler à votre admiration l'attendrissement de la pitié. Ne cédons pas, Messieurs, à un pareil sentiment; et quand nous pleurons nos morts, gardons-nous d'accuser Celui qui compta leurs jours. Longue ou brève, il n'y a pas de destinée qui ne puisse avoir sa grandeur, puisqu'en un sens au moins

(1) Joly, p, LIII.

(2) Voir Pasquier. Lettre VIII. Livre XIX, à Loisel.

(3) Il redoutait la mort subite, la considérant comme « *périlleuse à un chrestien, qui doit souvent prier Dieu de le préserver de mort soudaine et non préveuë ; car, quant aux payens, ils l'estimaient la plus heureuse...* » (*Dialogue des advocats*, p. 87.)

(4) Saint Augustin.

chacun se fait à soi-même sa destinée. Ceux qui meurent jeunes sont aimés des dieux; l'antiquité païenne l'avait dit, et nous pouvons bien le répéter après elle. Périr dans la plénitude de la vie, et quand on lutte pour quelque sainte cause, tomber à l'avant-garde, dès les premières heures du combat, avant la mêlée incertaine, c'est un sort qu'il ne faut pas toujours plaindre, et qu'il est parfois permis d'envier. Mais il y a plus de courage et de mérite à consumer ses forces dans le labeur de chaque jour, et après avoir supporté sans fléchir le poids des années et les coups du malheur, à triompher encore de la mort en la saluant comme une tardive délivrance.

La carrière de Loisel était digne d'un tel couronnement. Quand nous l'envisageons dans son ensemble, elle nous apparaît environnée d'un éclat plus modeste, mais plus durable que celui de la gloire, et fertile en leçons que je craindrais d'affaiblir s'il m'appartenait de les rappeler. Je m'arrête donc avec respect devant sa tombe, certain, en lui épargnant l'éloge, de rendre un dernier hommage à sa mémoire. Pourtant au milieu des vertus dont il nous offre le modèle, il en est une que je ne puis m'empêcher d'admirer et que lui-même il me permettrait de louer en associant son nom à celui de ses nobles amis : c'est l'inébranlable fermeté d'âme avec laquelle ces serviteurs de la France ont supporté le spectacle de ses malheurs et de son abaissement. Avant nous, et plus cruellement, vous le savez, ils ont connu la honte de ces sombres journées où tout, même l'honneur, pouvait paraître perdu: avant nous, ils ont entendu ces voix désolées qui, sur les ruines de la veille, prophétisent encore de nouveaux désastres. Mais, quand, las de relever autour d'eux les volontés défaillantes, ils étaient tentés de céder eux-mêmes à l'abattement et de se désintéresser des affaires publiques, l'amitié, qui elle aussi, est utile à tout (1), venait à leur secours et ranimait leurs courages. Ils se disaient « qu'il n'est permis ni à « un bon citoyen ni à un bon soldat de quitter « le poste où la Providence l'a placé, en quelque « mauvais état que les choses soient réduites. » Ce sont là, Messieurs, de généreuses paroles et des exemples fortifiants. Aussi bien, puisque, dans la voie étroite et difficile que le devoir nous marque entre le découragement et les ardeurs impatientes, tant de cœurs vaillants nous ont déjà précédés, aimons à retrouver leurs traces, et efforçons-nous de les suivre. Ayons comme eux la force d'attendre dans un laborieux recueillement l'aurore des jours meilleurs, ne cherchant pas

(1) *Pietas ad omnia utilis est, promissionem habens vitæ quæ nunc est et futuræ.* (St-Paul, 1re Ep. à Timothée, IV, 8.)

(2) Paroles de P. Pithou, citées par de Thou. (*Lettre à Isaac Casaubon sur la mort de Pithou.* — *Mémoires*, p. 667.)

à savoir si elle luira sur nous, et nous gardant d'écouter ceux qui la voient déjà poindre. Qu'importe l'heure? Elle viendra, n'en doutons jamais. Et s'il ne nous est pas donné de la voir, méritons au moins qu'on répète de nous ce que nous disons de nos devanciers : ils avaient bien raison de ne pas désespérer de la patrie.

NOTES ET DOCUMENTS

NOTE n° 1, page 6.

D. Grenier, dans ses Recherches sur la Picardie (2e *paquet, n° 4, vol.* 12, *pièce* 960), signale parmi les ancêtres de Loisel, un certain Thomas Avis, oncle du médecin Jean Avis « Il « était bachelier de la Faculté de Paris. Il fut du nombre « des bacheliers qui écrivirent en 1387 contre Jean de Mon- « teson en faveur de l'Immaculée Conception, comme nous « l'apprend Jean de Launoy (*De scolis celebr.*, cap. 61, art. 1, « p. 424). Il fut député au Concile de Bâle. Il a écrit sur ce « Concile. Son manuscrit était dans la bibliothèque des « Carmes de la place Maubert. Il a passé dans la bibliothèque « du Roy. »

NOTE n° 2, page 9.

Loisel n'avait pas besoin d'être malade pour croire à la médecine. Ce n'est pas lui qui aurait écrit comme Pasquier (lettre XVI, livre XIX) : « Il n'y a homme plus idolastre « des médecins que moy, quand je suis malade, ne qui estime « leur art plus douteux, quand je suis sain. »

Sa collection de « receptes » est très-complète et très-curieuse. Le remède suivant donnera une idée de la médecine du temps.

« *Remède pour ayder à ung malade abandonné des médecins* « *pour avoir esté trop longtemps à la diette.* »

« Prenez une quantité d'œufs fraiz et en ostez la glaire et la « battez bien fort ; mouillez toute la personne de ladite glaire, « la frottant toujours avec la main. La glaire entrera tout en « la chair du malade et luy donnera substance de sorte que « cela le fera retourner en santé. Après que tu l'auras faict

« bien frottes, faiz la porter au lict, et tu verras qu'à raison « de la substance de la glaire qu'elle aura prise, remonstera « à prendre appétit. »

(*Recueil de Loisel*, II, 97.)

Quand le cas était au-dessus des ressources de l'art, on avait recours à des oraisons :

« Pour la collicque passion » (1).

« *Oraison.* »

(Elle guary aussy la fiebvre tierce.)

« Glorieuse Vierge, mère de Dieu et mère des martyrs, « veuillez renvoier *la marry* de N..., et le remettre à sa « place et lieu propre et endroit, et lui rendez la santé de son « corps et guarison de la personne ; pour icelluy patient pour « lequel nous dirons quinze fois *Pater noster* et quinze fois « *Ave Maria*.

« Au nom du Père et du Fils et du Benoist Sainct-Esprit. »

« Il faut par trois fois dire la dicte oraison et les *Pater noster* « et *Ave Maria*.

« Chose esprouvée par plusieurs fois. »

(*RecueildeLoisel*, ibid,)

NOTE n° 3, page 27.

La consultation de Loisel ne nous est pas parvenue, mais voici comment Joly rapporte cette circonstance :

« En cette même année 1579, ayant esté parlé du mariage « de M. le duc d'Anjou avec la reyne Elizabeth d'Angleterre, « Loisel eut ordre, comme advocat de ce prince, de voir les « articles qui en avaient été projettez, pour y donner son « advis, et pourvoir aucunement aux seuretez des accords et « conventions d'iceluy. Mais son sentiment n'estant pas qu'on « deust passer plus avant dans cette affaire, *il n'en voulut* « *pas seulement parler en la façon des advocats ordinaires du* « *Palais* ; mais il en ouvrit amplement sa pensée, comme « homme d'Estat, à M. l'Evesque de Mende, chancelier de « Monsieur d'Anjou, par une assez belle et longue lettre qu'il « lui escrivit sur ce sujet au mois de novembre, dont copie « s'est trouvée transcrite dans ses registres ; par laquelle il « lui fit voir comme ce mariage n'estoit point utile, *ny au bien* « *universel de la chrestienté* en ce qui concernait le restablis-

(1) Colîque de miserere.

« sement de la religion catholique en Angleterre, *ny à l'ad-*
« *vantage du royaume de France, ny à l'honneur et dignité de*
« *leur Maistre.* »

(JOLY, p. XXIII.)

NOTE no 4, page 35.

Signature de l'Union par les compagnies privilégiées et de quartier.

Nous, capitaine lieutenant, enseigne et communiers étant sous la charge du capitaine *Loisel*, suivant ce qui a été arrêté en assemblée générale faite en l'hôtel communal de ladite ville cejourd'hui, samedi 21 janvier 1589, après la cloche, à laquelle assemblée seraient comparus MM. les délégués tant de la part de monseigneur l'Evêque et comte de Beauvais que du corps du Chapitre, avec un grand nombre et principale partie de tous les habitants de ladite ville, avons fait, et par les présentes faisons le serment solennel et irrévocable de garder l'Union et Confédération qu'avons jurée et promise en ladite assemblée, laquelle d'abondant jurons et promettons par ces dites présentes avec icelle de la ville de Paris, Orléans et Amiens, et autres villes catholiques, lesquelles se sont unies pour la conservation de la religion catholique, apostolique et romaine et de l'Etat, et à cette fin nous allions avec les dessus dits, comme alliés, amis et confédérés, pour aider et secourir l'un l'autre desdits alliés, ainsi exposer à cette fin nos vies et biens et tout ce qui dépend de nous, en témoins de ce, nous avons signé ces présentes de nos mains les jours, mois et an ci-dessus dits. Par ordonnance de MM. les maire et pairs.

Signé : REYNARD.

Ont signé ou fait leurs marques au nombre de soixante, entre autres :

ROBERT LOISEL. . . . .

. . . . NICOLAS LOISEL.

LOISEL. . . . .

Pour la réunion catholique :

signé : PATIN.

Et sur une note jointe à ladite feuille :

NOTA. — *Que Demar n'a point signé l'Union, quelque commandement et avertissement que lui a fait le capitaine.*

NOTE nº 5, page 36.

Pasquier était à Tours. Il écrivait à M. Bigot, seigneur de Tibermenil, avocat au parlement de Rouen (lettre II, livre II).

« Que saurions-nous maintenant faire parmy ces tumultes « qui voguent par la France, sinon à la Diogénique, rouler, « tourner et retourner en nostre vaisseau, je veux dire feuil- « leter et refeuilleter nos papiers ? »

De Thou, qui s'était établi aussi à Tours avec sa femme, et qui y avait apporté de Paris, pendant la trêve, les livres et mémoires qu'il avait tirés de sa bibliothèque nombreuse et choisie, travailla à écrire l'histoire pendant le reste de cette année (1543).

(De Thou, *mémoires*, p. 663.)

NOTE nº 6, page 37.

DE CONVENTIBUS IBERIS LUTETIÆ HABITIS.

Ad St. Paschasium.

Accipe, Paschasi, nostris conventibus acta.
Arma, Arma, imbellis sacro tonat ore sacerdos ;
Inducias orat miles, requiemque laborum.
Plebs gemebunda tacet, cecis ductoribus acta.
Horum nulla magis præsens medicina malorum est
Quam si quis sævo objectet fera pectora Nardi
Commoda et annonas cleri concedat habendas
Militibus : plebis gemitus immitat utrisque.

(*Lut. Kal. Jul.* MDCIIII.)

NOTE nº 7, page 42.

Le portrait de Loisel est au musée de Beauvais. C'est une belle copie d'un portrait du temps, possédé, dit M. Dupont-White, par la famille Ledoux-Montroy.

Tout semble bien indiquer qu'il se rapporte à cette époque de la vie de Loisel. A l'un des angles figurent des armoiries (Loisel avait obtenu des lettres de noblesse qui furent confirmées par Henri IV). Dans ces armoiries on a placé trois colombes avec cette devise : *Pacis ales prænuntius*, qui fait très-probablement allusion au rôle que Loisel joua vers la fin de la Ligue en intervenant dans la reddition de Paris et de Beauvais.

NOTE nº 8, page 45.

Nous avons très-peu de lettres de Loisel ; mais nous savons qu'il correspondit avec le cardinal d'Ossat (JOLY, p. XLII), avec Lindenbrog, notamment au sujet d'une édition d'Ammien Marcelin qu'il avait donnée étant encore très-jeune (JOLY, p. X) ; avec Schoppius, de Ferrare, notamment en 1598, au sujet de certaines corrections à la première édition des fables de Phèdre, publiée par P. Pithou (JOLY, p. XXXVI) ; avec plusieurs savants d'Angleterre, en qualité d'exécuteur testamentaire de Ramus, et afin de pourvoir à la chaire que ce dernier avait fondée (JOLY, p. XVIII) ; avec Juste Lipse (*Opuscules*, p. 80) avec Montaigne et avec plusieurs autres savants et personnages illustres du temps.

NOTE nº 9, page 47.

Voir, par exemple, dans ses *Opuscules* (*Observations ecclésiastiques*, p. 24) deux dissertations sur des passages de Saint Luc et de Saint Jean, qui dénotent une connaissance approfondie de la littérature sacrée.

« Toutefois, dit Loisel en manière de conclusion, je me « remets de tout ce que dessus, aux meilleurs théologiens, « qui sont plus entendus que je ne suis pas. »

Le chanoine de Notre-Dame, son petit-fils, qui a relevé ces détails avec un soin particulier, nous apprend que Loisel faisait ses prières journalières dans les Psaumes. « Il se ser- « vait pour cela d'un Psautier de Genebrard dont il faisait « ses heures : et afin qu'une si sainte et divine lecture lui « fut de plus grande utilité et édification, il avait mis à la « fin de son livre une table de tous les Psaumes, lesquels il « avait rédigés sous certains titres qui désignaient à quoy « chaque Psaume pouvoit particulièrement servir et s'appli- « quer ; dont l'Indice a été trouvé si commode, que j'ay esté « conseillé de le faire imprimer au commencement de ses « *Observations ecclésiastiques*, avec la paraphrase qu'il avait « faite aussi de l'Oraison dominicale par les versets des « psaumes qui y conviennent le mieux. »

NOTICE BIBLIOGRAPHIQUE

SUR LES

OUVRAGES D'ANTOINE LOISEL (1)

I (vers 1557). Notes sur Ammien Marcellin.

Ces notes manuscrites furent envoyées par Loisel à Lindenbrog, qui s'en servit pour son édition. On en retrouve quelques-unes dans l'édition de C. G. Aug. Erfurdt. Lips., 1808 (V. T. I. p. XI.)

II (1576). Remonstrances prononcées en l'échiquier d'Alençon.

D'après Joly (*Vie de Loisel*, XIX et XXXXIIII), ces remontrances ont été imprimées en 1576 et en 1605. Des opuscules d'aussi peu d'étendue sont nécessairement très-rares. Une de ces remontrances, dans laquelle Loisel donne des conseils aux avocats sur l'exercice de leur profession, se trouve analysée dans l'*Histoire du Perche et duché d'Alençon*, par Gil le Bry de la Clergerie. (Paris, 1620, in-8°.) Bibl. nat., L. 934. Une autre remontrance se trouve dans un Recueil dont nous donnons le titre page 23, (Paris. MDCV, in-8°, Bibl. Mazarine n° 27360.

III (1579). Pulex Pictonicus.

Ce petit poëme se trouve réimprimé dans les poésies de Loisel ; on le trouve également dans le recueil de *Rhanutius Gherus, Delitiæ Poetarum, Gallorum* dans les œuvres de Pasquier, t. II, col. 961, et dans : *La Puce de Madame des Roches, qui est un recueil des divers poëmes grecs, latins, français*, etc. Paris, l'Angelier, 1583 ; in-4°.

(1) Cette notice a déjà été publiée par M. Truinet, notre confrère, dans la *Revue bibliographique et critique du Droit français et étranger* (nos 4 et 5). Nous la reproduisons avec quelques additions.

IV (1580). De plusieurs négatives pour affirmatives et affirmatives pour négatives qui sont en nos coutumes.

Mss. Joly. *Vie de Loisel*, XXI.

V (1582-84). Remontrances prononcées en la Chambre de justice de Guyenne.

A. De l'OEil des rois et de la Justice. Paris, l'Angelier, 1595 ; in-8°, 78 p.

B. Amnestie, ou de l'Oubliance des maux faicts et receus pendant les troubles. Paris, l'Angelier, 1595 ; in-8, 98 p.

C. Homonoée ou de l'accord et union des subjects du Roy sous son obéissance. Paris, l'Angelier, 1595, in-8°, 118 p. (Barbier, *Dict. des Anonymes*, n° 8419).

D. Dicé ou de la Justice. Remonstrance faite en la ville de Saintes..., etc. Paris, 1603, in-8°.

E. Sept remonstrances publiques. VI sur le subject des Edicts de Pacification, la VIIe sur la reduction de la ville et restablissement du Parlement de Paris, avec l'extraict d'un plaidoyé de l'université. Paris. l'Angelier, 1596, in-8°. Bibl. nat. F. 4607. — Cette édition n'est que la réunion de pièces imprimées séparément avec des paginations différentes.

F. La Guyenne de M. Ant. Loisel qui sont huict remonstrances..., etc. Paris, l'Angelier, 1605, in-8°. (Bibl. nat. F. 4608). Cette édition est la plus complète ; on y trouve l'arrèt pour la confirmation de la loi Salique. (V. Bibl. de Droit de Dupin, 2° édition, n° 1387.)

VI (1586). De l'Université de Paris et qu'elle est plus ecclésiastique que séculière, extraict d'un plaidoyé faict au Parlement en 1586.

Paris, l'Angelier, 1587, in-8° (Bibl. nat. L. 2069). Réimprimé dans la Guyenne (1605).

VII. Remonstrance sur la reduction de la ville et restablissement du Parlement de Paris.

Paris, l'Angelier, 1596 ; in-8°, 26 p. Bibl. nat. L. f° 25, 49. On trouve au verso du dernier feuillet une pièce de vers français de Loisel sur la conversion du Roy et arrest de la Loi Salique. — La Remonstrance a été réimprimée sans cette pièce dans *la Guyenne*.

VIII. Journal des troubles du 9 mars 1588 au 9 décembre 1593.

Mss. (*Vie de* Joly, p. XXIX). Le père Maimbourg s'est servi de ce manuscrit pour son histoire de la Ligue (Bibliothèque historique, n° 19518). Les deux volumes in-folio dits *Recueil de Loisel*, qui existent à la Bibliothèque nationale, *Latin*; n°s 17179 et 17180 (Mss.), ne contiennent aucun des ouvrages importants de notre auteur.

IX (Vers 1593). Mémoires sur les guerres et divisions des maisons de Bourgogne et d'Orléans.

Mss. (*ibid.*)

X. De l'origine, noblesse, proufict et plaisir de l'Agriculture.

Mss. Joly. XXX.

XI (1594). Helynand. Vers sur la mort, donnez au Public par A. Loisel.

Paris, 1594. in-8° (Bibl. nat. Y. 4373. M. Méon, qui a publié une réimpression de ces vers d'après un manuscrit plus complet, les attribue à Tribaut de Marly (*Avertissement. Vers sur la mort, Paris, Crapelet*, grand in-8° MDCCCXXXV).

XII (1599). Des divorces des Roys de France pour la Dispense de Mariage du Roy.

(Joly, XXXVIII).

XIII (1603). Distica Catoniana.

Colletet a paraphé ces distiques. — Paris, MDCLVIII. (Bibl. nat. Y. 142 B.) Voyez Joly, p. XXXXII.

XIV (1607). Institutes Coutumières.

Cet ouvrage, l'un des plus importants de Loisel, a eu de nombreuses éditions.

A. Institutes coutumières, ou Manuel de plusieurs et et diverses règles, sentences et proverbes du droit coutumier et plus ordinaire de la France. 1re édition, publiée à la suite de l'Institution au droit français de Coquille. Paris, 1607 ; in-4°. Souvent réimprimé à la suite du même ouvrage dans les œuvres de Coquille.

B. Institutes, etc. Paris, l'Angelier, 1614, in-4°.

C. Les mêmes. Paris, H. Legras ; 1637, in-8°.

D. Les mêmes. Paris, H. Legras ; 1646, in-8°.

E. Les mêmes. Avec les notes et observations de Challine. Paris. Robin, 1665, in-8°.

F. Les mêmes. Edition revue, corrigée et augmentée sur l'exemplaire de l'auteur, par C. Joly. Paris, Martin, 1679. in-12.

G. Les mêmes, avec un commentaire sur le 1er livre par Delaunay. Paris, Warin, 1688. in-8°.

H. Les mêmes, avec des renvois aux ordonnances et des notes nouvelles, par E. de Laurière. Paris, Gosselin, 1710, 2 vol. in 12.

I. Les mêmes. Paris, Durand, 1758 ; 2 vol. in-12.

K. Les mêmes. Paris. 1754, 2 vol. in-12.

L. Les mêmes. Paris, Nyon, 1783 ; 2 vol. in-12.

M. Les mêmes. Nouvelle édition, revue, corrigée et augmentée, par MM. Dupin et E. Laboulaye. Paris, Durand, 1846 ; 2 vol. in-12.

Cette édition contient une introduction historique et un glossaire.

XV (1608). Edict, Memoires et instructions sur la Chambre de Justice de Limoges.

XVI (1609). Poésies latines, 1609 ; 1 vol. petit in-8°.

Ce recueil est très-rare ; Loisel « n'en ayant fait tirer « des exemplaires que pour ses parents et amis, afin « d'en avoir leur advis, comme il dit en la préface « de ce libelle. » (Joly, xxxxviii). L'exemplaire de la Bibliothèque nationale Y. 2376, le seul qu'il nous ait été possible de consulter ne contient pas de préface, et commence ainsi : *Epistolarum, epigrammatum, psalmorum et precum et epitaphiorum aliorumque poematum libellus.*

XVII. Proverbes ruraux et vulgaires anciens et modernes.

Mss. Joly, XXXVIII.

XVIII. Journal des affaires du temps, 1610-1617.

Mss. *ibid.*

Tous ces ouvrages de Loisel dont les titres seuls font comprendre l'intérêt sont restés perdus ou du moins inconnus jusqu'à ce jour (*V. édition des Institutes de MM. Dupin et Laboulaye*, t. I, p. LXV).

XIX (1612). Histoire du Nivernais de Guy Coquille-Edition donnée par Loisel.

XX. Consultation de M. A. L. A. E. P. (Ant. Loisel, avocat en Parlement) sur la réception du concile de Trente faite en l'année 1596, extraits d'aucuns articles du concile de Trente, qui semblent être contre et au préjudice de la justice Royale et des Libertez de l'Eglise Gallicane faits par MM. de l'Assemblée tenue à Paris en 1593.

Paris, 1650 ; in-8°, avec les œuvres post, de G. Coquille. (Barbier, *Dict.*, n° 2888). Joly n'indique pas cet opuscule.

XXI, Mémoires des trois Estats de France et singulièrement que la justice appartient à la noblesse.

Mss. Joly, p. L.

XXII. Mémoires des pays, villes, comté et comtes. évesché et évesques, pairrie, communes et personnes de renom de Beauvais et Beauvaisis.

Paris, S. Tiboust, 1617, in-4°. Volume rare et curieux. Bibl. nat. R° LK2, 270

XXIII. Divers opuscules tirez des Mémoires de M. Antoine Loisel, advocat en Parlement, auxquels sont joints quelques ouvrages de MM. Baptiste du Mesnil, advocat général du Roy, de M. Pithou, sieur de Savoye, advocat en la Cour, et de plusieurs autres célèbres personnages de leur temps. Le tout recueilly par M. Claude Joly.

Paris, V° Guillemot, imprimeur de S. A. R., et J. Guignard, 1652 ; in-4°.

Ce recueil ne se recommande ni par son classement méthodique, ni par l'exécution typographique. Toutefois, on y trouve un grand nombre de documents curieux, intéressant pour la plupart la profession d'avocat, des lettres, des poésies de personnages célèbres, que l'on chercherait vainement ailleurs, et qui font que ce volume tel qu'il est ne saurait déparer aucune bibliothèque.

Il contient de Loisel :

1. Observations ecclésiastiques. Joly a réuni sous ce titre tout ce qui lui semblait se rapporter à la piété, au droit canon. On remarque parmi ces traités : *Apologie et défense des mariages entre les cousins*.
2. Observations meslées. C'est parmi ces observations que se trouve le *Traité des droits du Roy et de sa couronne* (Dupin, *Bibl. de droit* ; 2° éd., n° 1601).
3. Observations de Droit civil Romain et François.
4. Observations sur la ville de Paris.
5. Vie de P. Rutilius Rufus.
6. Vie de M. Baptiste du Mesnil.
7. Vie de M. Pierre Pithou.
8. Pasquier ou Dialogue des advocats du Parlement de de Paris.

B. Les mêmes Opuscules. Paris, I. Guignard, 1656 in-4°. « Après avoir comparé cette édition à celle de « 1652, nous avons reconnu que les deux dates n'offrent qu'une seule et même édition, avec des frontispices qui ne diffèrent même que par leur date » (Dupin, *Bibl.*, n° 1448).

Dans quelques exemplaires de l'édition de 1652, après quelques variantes de peu d'importance, on passe, sans interruption dans le texte, de la page LXII à la page LXIX. Dans d'autres cette lacune n'existe pas, et l'on trouve à partir de la page LX : l'*Abrégé de la vie de M. Antoine Loisel, conseiller en Parlement, décédé le 4 janvier de la précédente année* 1652. M. A. Loisel avait été un des adversaires ardents de Mazarin : ces quelques pages contiennent beaucoup de détails sur les affaires politiques du temps, et en les lisant, on soupçonne aisément le motif qui en fit retarder l'impression. — Camus annonce une édition des Opuscules de 1660, in-fol. — M. Dupin déclare qu'il n'a jamais pu la trouver nulle part.

Les Opuscules qui ont été réimprimés sont :

C. Vie de Rutilius Rufus. — Thesaurus de Meermann, t. I.

D. Pasquier ou dialogue des advocats, édition de M. Dupin. Paris, Nève. 1818, t. 1er des Lettres sur la profession d'avocat, in-8o

E. Le même, t. Ier de la 2e édition des lettres sur la profession d'advocat. Paris, Warée, 1832, in-8o.

F. Le même, édition de M. Dupin ; in-12, 1844.

Paris. — Typ. A. Parent rue Monsieur-le-Prince, 31.

www.ingramcontent.com/pod-product-compliance
Ingram Content Group UK Ltd.
Pitfield, Milton Keynes, MK11 3LW, UK
UKHW012245240726
13966UKWH00004B/1309